AF461512

ORAISON FUNEBRE

DE TRES-HAUT, TRES-PUISSANT SEIGNEUR

CHARLES-LOUIS-AUGUSTE

FOUCQUET DE BELLE-ISLE,

DUC DE GISORS,

PAIR ET MARÉCHAL DE FRANCE,

PRINCE DU SAINT EMPIRE,

MINISTRE ET SECRETAIRE D'ÉTAT AYANT LE DÉPARTEMENT DE LA GUERRE,

CHEVALIER DES ORDRES DU ROI ET DE LA TOISON D'OR,

GOUVERNEUR GÉNÉRAL DES ÉVESCHÉS DE METZ ET DE VERDUN,

GOUVERNEUR PARTICULIER DES VILLE ET CITADELLE DE METZ,

LIEUTENANT-GÉNÉRAL DES DUCHÉS DE LORRAINE ET DE BAR,

COMMANDANT EN CHEF DANS LES TROIS ÉVESCHÉS,

PAYS DE LA SARRE, FRONTIERES DE CHAMPAGNE,

ET SUR LES COSTES MARITIMES DE L'OCÉAN;

L'UN DES QUARANTE DE L'ACADÉMIE FRANÇOISE;

PRONONCÉE dans l'Eglise de l'Hôtel-Royal des Invalides, le 10 Avril 1761.

Par le R.P. DE NEUVILLE, de la Compagnie de JESUS.

A PARIS,

Chez H. L. GUERIN & L. F. DELATOUR, rue S. Jacques,
à S. Thomas d'Aquin.

M. DCC. LXI.

AVEC APPROBATION ET PRIVILEGE DU ROI.

ORAISON FUNEBRE

DE TRES-HAUT, TRES-PUISSANT SEIGNEUR

CHARLES-LOUIS-AUGUSTE

FOUCQUET DE BELLE-ISLE,

DUC DE GISORS,

PAIR ET MARÉCHAL DE FRANCE, &c.

Meliùs eſt ire ad domum luctûs quàm ad domum convivii ; in illa enim finis cunctorum admonetur hominum, & vivens cogitat quid futurum ſit.

Il eſt plus utile d'aller dans une maiſon de deuil & de larmes, que dans une maiſon de feſtin & d'opulence ; car la premiere nous avertit de la fin qui attend tous les hommes ; & celui qui vit, penſe à ce qui arrivera. Liv. de l'Eccléſiaſte, c. 7.

MONSEIGNEUR,

MONSEIGNEUR L'ARCHEVESQUE DE PARIS OFFICIANT.

VOUS venez, MESSIEURS, d'entendre dans quelle vue l'Egliſe ouvre ſon ſanctuaire & la chaire évangélique aux derniers honneurs & à l'éloge des Hommes illuſtres qui mériterent la reconnoiſſance de la Patrie. Elle ne nous invite à cet appareil de

A

trifte magnificence & de pompe lugubre ; elle ne permet que les voûtes du Temple retentiffent du récit de leurs exploits, que pour nous montrer de plus près & d'une maniere plus fenfible, l'abyme où viennent périr & s'engloutir les profpérités, qui ne rendent l'homme heureux que pendant les jours qu'il eft étranger fur la terre, & durant le temps de fa vie fugitive, qui paffe comme l'ombre : *In vita fua numero dierum peregrinationis fuæ, & tempore quod velut umbra præterit.* (Ecclef. c. 7.)

GUIDÉS par l'efprit qui anime l'Eglife, jettons un coup d'œil fur le monument qu'elle offre à nos regards. DUC DE GISORS, PAIR ET MARÉCHAL DE FRANCE, PRINCE DU SAINT EMPIRE, MINISTRE ET SECRETAIRE D'ETAT AYANT LE DÉPARTEMENT DE LA GUERRE, CHEVALIER DES ORDRES DU ROI ET DE LA TOISON D'OR, GOUVERNEUR GÉNÉRAL DES EVESCHÉS DE METZ ET DE VERDUN, GOUVERNEUR PARTICULIER DES VILLE ET CITADELLE DE METZ, LIEUTENANT GÉNÉRAL DES DUCHÉS DE LORRAINE ET DE BAR, COMMANDANT EN CHEF DANS LES TROIS EVESCHÉS, PAYS DE LA SARRE, FRONTIERES DE CHAMPAGNE, ET SUR LES CÔTES MARITIMES DE L'OCÉAN, L'UN DES QUARANTE DE L'ACADÉMIE FRANÇOISE, TRES-HAUT ET TRES-PUISSANT SEIGNEUR MONSEIGNEUR CHARLES-LOUIS-AUGUSTE FOUCQUET DE BELLE-ISLE, eut tout ce qu'un Sujet peut avoir d'illuftration & d'élévation dans le monde.

QUE fut toute ſa grandeur ? Vous le voyez. Ses titres & ſes dignités ? Une repréſentation auſſi vuide & paſſagere que le Mauſolée, ouvrage de pluſieurs jours, ſpectacle d'un moment : Sa gloire & ſa réputation ? Un bruit qui, avec la voix de l'Orateur, ira ſe perdre dans les airs, & ſe plonger tôt ou tard dans la nuit de l'oubli.

MAIS ce n'étoit point ſeulement à ſa mort, ainſi que les autres Grands de la terre, c'étoit autant & plus pendant ſa vie, que le Maréchal DE BELLE-ISLE devoit donner l'exemple le plus inſtructif du néant & de la vanité des félicités mondaines. Oui, MESSIEURS, voulez-vous connoître tout le frivole, toute l'impoſture & la perfidie de ce qu'on appelle fortune ? étudiez cet homme auſſi ſingulier & auſſi unique par la diverſité des événements qui compoſerent le tiſſu de ſes jours, que par l'aſſemblage des talents qui caractériſerent ſon génie. Rappellez-vous ce que ſa fortune lui a coûté, & ce qu'elle lui a donné : conſidérez-le dans la route & au terme ; vous avouerez qu'entre tous les hommes qui marcherent dans la même carriere, aucun ne fut plus digne de parvenir, & ne rencontra des obſtacles plus puiſſants & plus difficiles à ſurmonter ; aucun ne fut plus digne de jouir, & n'éprouva des chagrins plus amers & plus difficiles à ſoutenir. Delà vous tirerez cette concluſion naturelle ; que c'eſt folie & délire que de tant s'inquiéter & s'agiter pour ſaiſir un fantôme de gloire & de bonheur, qui ſe vend ſi cher aux eſpérances de l'ambition, & qui les trompe ſi cruellement.

DAIGNEZ, Seigneur, donner à ma parole l'efficace de la perſuaſion évangélique : loin de me flatter que le deſir d'honorer une cendre qui m'eſt ſi chere, rallume quelque étincelle de ſon premier feu dans mon eſprit uſé par le travail & conſumé par les ans, je crains qu'occupé de ma juſte douleur, je ne rempliſſe point en ce jour les fonctions du ſacré Miniſtere avec aſſez de zele & de force. Que votre grace, ô mon Dieu, ſe faſſe entendre au cœur de mes Auditeurs, pour leur apprendre par la fragile & dure deſtinée des félicités humaines à ne point oublier la fin qui les attend, & à s'occuper de ce qui doit leur arriver : *Meliùs eſt ire ad domum luctûs quàm ad domum convivii, &c.*

PREMIERE PARTIE.

PREMIERE & importante leçon ! Ce que le monde donne, ce que le monde peut donner, n'approche point de ce que le monde exige de ceux qui aſpirent à ſes faveurs & à ſes bienfaits. La raiſon nous le dit ; nous ne l'écoutons pas. L'expérience nous le prouve ; nous ne nous y rendons pas. La Religion nous l'enſeigne ; nous n'en profitons pas. Ah ! l'illuſion durera toujours, ſi ce jour ne la détruit point. Voici les triſtes reſtes, l'ombre d'un des hommes dont l'élévation a jetté le plus d'éclat, & peut-être enfanté le plus de jalouſies.

Ne prévenons point la ſcene tragique de cette apparente félicité troublée par des événements ſi funeſtes. Contentons-nous de la mettre dans la balance, & de la peſer avec ce qu'elle lui coûta. Appellerons-nous bonheur une fortune achetée au prix de tant de travaux, de chagrins & de ſervitude? En effet, que fut ſa vie entiere, qu'un combat éternel entre le mérite & les obſtacles? Obſtacles d'autant plus puiſſants & plus redoutables qu'ils l'avoient dévancé, qu'ils ſe préſenterent à lui dès le premier pas pour l'écarter, pour lui fermer la route, & l'empêcher d'entrer.

Le Maréchal de Belle-Isle, il eſt vrai, avoit reçu en naiſſant ces dons du Ciel, par leſquels la Providence ſemble déſigner, & annoncer les hommes qu'elle deſtine à jouer les rôles les plus intéreſſants ſur le théatre du monde. Cette taille haute, libre, aiſée, dégagée que L. 1. Reg. Samuël faiſoit admirer dans le premier Roi d'Iſ- c. 9. & 10. raël. Dans l'air & les manieres, ce caractere, & cette empreinte de dignité, d'autorité, de fermeté qu'on peut nommer les dehors, l'extérieur du mérite, & le préſage de l'élevation. Dans la converſation, la force, l'énergie d'expreſſion toujours ſûre d'occuper & de fixer, parce qu'elle peignoit toujours en grand. Un génie compoſé de ces deux eſpeces de génies, par leſquels Mathathias L. 1. Mac. différencioit ſes deux fils, Simon & Judas Macha- c. 2. bées, après lui la gloire de Sion. Génie de la guerre, heureux mêlange de ſage impétuoſité &

de lenteur active; de feu & de vivacité dans les préparatifs ; de phlegme & de ſang froid dans l'action ; également propre à bruſquer les événements , & à chicaner le terrein , à étonner par l'audace , & à déconcerter par la prudence , à prévoir & à prévenir autant que l'homme le plus timide, & à hazarder, à riſquer autant que l'homme le plus téméraire : courage de jeune ſoldat juſques dans ſes dernieres années, pour dédaigner le péril ; prudence de vieux Général dès ſa jeuneſſe, pour n'abandonner rien à la fortune, de ce que les précautions pouvoient lui ôter : *Judas fortis à juventute ſuâ, ſit vobis princeps militiæ.* Génie des affaires ; habile & ſupérieur dans l'art de prévoir les circonſtances & d'en profiter, de préparer les moments & de les ſaiſir, de faire oublier les anciennes prétentions, en préſentant de nouveaux intérêts, de réunir les Puiſſances & de les diviſer, de ſuſpendre le jeu des reſſorts politiques & de l'accélérer : *Simon vir conſilii eſt ; ipſum audite.* Avec ce fond de génie, une imagination vive & ardente, quoique ſouple & flexible ; avide du vaſte dans les projets, ſans dédaigner le détail des meſures & des précautions. Le même inſtant qui le trouvera occupé d'une négociation, d'une bataille qui va décider de ſa gloire & de la fortune de l'Etat, le verra attentif, ſans ſe diſtraire, à régler la ſubſiſtance d'un eſcadron, le logement d'un bataillon. Rien d'aſſez grand pour éblouir ſes regards, rien d'aſſez petit pour leur échapper.

Doué de tant de qualités utiles à la Patrie, vous croyez qu'il ne manque au Comte de Belle-Isle que de se montrer à la fortune, qu'elle l'attend pour l'employer & le récompenser. Vous oubliez donc que le sang qui coule dans ses veines, est le sang du Surintendant, de cet homme si célebre par son élévation & par sa chûte. Le malheur du Surintendant auroit pu applanir les routes de la fortune au Comte de Belle-Isle, dans les Républiques, où les factions, tantôt opprimées, tantôt relevées au gré du génie populaire, reportent au faîte des honneurs, celui qu'elles avoient précipité dans la poussiere ; il l'auroit pu dans ces Monarchies mixtes, où le peuple maître du Trône qu'il respecte, mais qu'il domine, donne au Roi ses Ministres, & les lui ôte, les lui arrache, & l'oblige de les reprendre. Les vraies Monarchies ont d'autres mœurs, d'autres coutumes. Un pere suspect & noirci à la Cour imprime sur sa postérité une tache que les services aidés du bienfait du temps n'effacent que lentement. Je vous le demande donc, Messieurs ; lorsque la foudre qui avoit frappé le Surintendant, fumoit encore autour du Comte de Belle-Isle ; je vous le demande ; pour couvrir d'honneur, de titres, de dignités, un nom marqué au sceau d'une disgrace si récente, pour le placer en quelque sorte à la tête du Royaume, à la tête même de l'Europe, dans cette fameuse Diete, qui le vit présider à un Sénat composé de tant de Souverains ; en un mot, pour parvenir de Pignerol à Francfort, combien de préjugés, de résistances, d'oppositions à vaincre. Vous en êtes épouvantés. Le Comte DE BELLE-ISLE ne le fut point; il voit que plus les obstacles se montrent nombreux & puissants, plus le triomphe aura de gloire & d'éclat.

DESIR de la gloire, reste précieux de notre grandeur primitive, échappé au naufrage des dons du Dieu Créateur, c'est à toi seul qu'il appartient d'allumer dans les ames nobles & sublimes le feu qui forme les héros défenseurs de la Patrie dans ses périls, & sa ressource dans ses disgraces! Qu'elle disparoisse donc, qu'elle fuie loin de nous la Philosophie de mollesse & de volupté, aujourd'hui trop féconde en maîtres & en disciples, scandaleusement appliquée à amortir & à éteindre un feu si pur dans le sein de la France! Elle se vante de ramener l'homme aux penchants & aux loix de sa premiere origine; elle ne le ramene qu'aux foibles introduits dans l'homme par le péché, à l'amour du plaisir & de l'intérêt personnel. Bientôt par ses leçons perfides, l'Etat destitué de l'esprit de vie qui l'anime, ne seroit qu'un amas confus d'êtres bas & rampants, isolés & divisés, sans idées, sans goût de famille & de société, d'utilité commune & de prospérité publique, il ne tarderoit pas à dégénérer en une masse informe que dévoreroit promptement le poison des viles passions; & devenu une autre Babylone, il en éprouveroit le sort décrit dans le Prophete; il

tomberoit

tomberoit d'une chûte d'opprobre & d'ignominie, qu'accompagneroient le mépris & les insultes des Nations, autrefois jalouses de son éclat. Chrétien; je demande, ô mon Dieu, que ma Patrie ne vous offre que des vertus dignes de vous : citoyen ; je souhaite que le desir de la gloire soit l'unique foible que vous ayiez à lui reprocher : quand il ne fait pas les grands Saints, il fait les grands Hommes ; & du grand Homme au grand Saint, le passage est si facile! Les autres passions n'enfantent que vices & corruption ; il faut les quitter & les déraciner : la passion de la gloire inspire le grand, l'héroïque; il ne faut que la régler & la modérer. Quelque vive qu'elle fut dans le Comte DE BELLE-ISLE, il sut la faire plier sous les loix de la Religion & de la raison ; elle ne lui arracha ni bassesses ni perfidies; & il ne voulut tenir son élévation que de ses services & de ses talents.

JE NE vous fatiguerai point, MESSIEURS, par le récit de sa vie militaire. Je ne vous le représenterai point en tant de sieges, de combats, de batailles, ferme & intrépide, actif & vigilant, sage & éclairé, offrir au soldat l'exemple de combattre, & faciliter aux Généraux les moyens de vaincre. Je ne le suivrai point à la trace de son sang sur les bords du Rhin, de l'Escaut, du Danube, du Pô ; à travers les Alpes & les Pyrénées ; en Flandres, en Allemagne, en Italie, en Espagne ; dans tous les climats, dans toutes les saisons, par-tout où l'appelle l'espérance d'un péril à braver, ou d'un service à rendre. Je ne vous le montrerai point s'attirant les regards, l'estime, la confiance des Vendôme, des Villars, des Berwick, des Boufflers, charmés de se voir renaître dans ce jeune Guerrier, & de lire, dans les essais de ses talents militaires, que la gloire des armes françoises ne périra point avec eux, & qu'en travaillant à l'avancer, ils travaillent à se ménager un successeur capable de les remplacer.

JE ME borne à vous faire remarquer que les degrés successifs de son élévation furent exactement déterminés par ses services. Les plus grands périls essuyés à la canonnade de Huningue, ses blessures au siege de Kell, à la bataille de Fridelingue, & à la premiere bataille d'Hochstet, sont les titres pour son premier Régiment de Dragons; son intrépidité & son activité au siege de Vérue, aux batailles de Calcinate & de Cassano, à la garde des Postes de Valégio & du Cours de l'Adige; les tentatives réitérées du Prince Eugene pour jetter un pont sur l'Adda rendues inutiles, les troupes Impériales deux fois battues dans la plaine de Vérone; l'arriere-garde de notre armée malheureuse à Turin, dérobée à la fureur de l'ennemi vainqueur, si l'exemple de la bravoure & de l'audace la plus héroïque pouvoit sauver le soldat des ravages, de l'épouvante & de l'effroi; la célebre défense du chemin couvert de Lille, attaquée par l'élite des troupes alliées sous les ordres du fameux Malbourough, sous les yeux du Roi Augufte de Pologne, & de plufieurs Souverains accourus à ce grand & terrible fpectacle, & fon fang répandu dans cette mémorable journée, furent fa recommandation pour le grade de Brigadier, & pour la charge de Meftre de Camp Général des Dragons. Lorfqu'il fut nommé Maréchal de Camp, il avoit défait l'arriere-garde de l'armée ennemie à fon paffage du Rhin. Son zele pour l'Augufte Maifon de Bourbon l'avoit tranfporté de l'Alface, où la campagne venoit de finir, fur les bords du Ter pour le fecours de Gironne; il l'avoit ramené aux bords du Rhin pour l'ouverture de la campagne en Allemagne, & il l'avoit expofé à mille dangers au fiege de Landau. Par fes fervices aux fieges de Fontarabie & de S. Sébaftien, & par le premier développement de fon génie politique dans les difpofitions du Traité qui devoit réunir Madrid & Verfailles, il devient Lieutenant-Général. Par la prife de Traerbach, fa vigilance heureufe fait échouer les projets de l'armée Impériale. Ses occupations de la Paix auffi laborieufes & utiles que les occupations de la Guerre, & le bien de l'Etat intéreffé à illuftrer l'Ambaffadeur Plénipotentiaire de France auprès des Princes de l'Empire, lui obtiennent le comble des honneurs militaires. Le fuccès de fes négociations, & l'éclat de nos armes en Allemagne, l'élevent au faîte des dignités du Royaume. Les reffources puiffantes de fon génie dans fa campagne de Provence, & la jufte confiance dans la fupériorité de fa fageffe & de fes lumieres lui ouvrent l'entrée des Conſeils, & le placent dans le Miniſtere. Aucune diſtinction à la Cour, dans les armées, dans le Royaume qui n'ait été précédée & ſuivie par des actions dignes de l'attention du Maître, & de la reconnoiſſance de la Patrie. Son élévation & ſes ſervices marchent d'un pas égal; rien n'eſt faveur, tout eſt récompenſe.

AMATEURS de la véritable gloire, vous applaudiſſez au triomphe du mérite ſur les obſtacles. Ne vous y trompez pas; ce triomphe ne fut jamais un triomphe complet. Les obſtacles vaincus continuent de combattre; écartés, ils reparoiſſent; détruits, ils renaiſſent & ſe reproduiſent. Le génie du Comte DE BELLE-ISLE avoit pû effacer l'empreinte de la diſgrace, diſſiper les nuages du préjugé, & acquérir l'eſtime & la confiance publique. Il avoit pû inſpirer à LOUIS XIV l'attendriſſement, les regrets, quelques inquiétudes ſur le paſſé, & le deſir de réparer (je répete les paroles de ce Monarque plus grand, plus Roi dans la magnanime ſimplicité d'un pareil aveu que dans les plus brillants événements de ſon regne) le deſir de réparer dans le fils les infortunes du pere. Le génie du Comte DE BELLE-ISLE pouvoit tout, excepté de vaincre ce que l'ignorance & la ſuperſtition appelleroient l'Etoile du Surintendant.

DÉVOUÉE à inſtruire les peuples de l'inconſtance & de la viciſſitude des choſes humaines, cette Maiſon ne ſortira point du plan que la Providence a tracé ; elle ne parviendra point à la paix & au calme ; le Seigneur leur a ordonné de fuir devant elle ; & les rejettons ne cesseront point d'éprouver les orages sous lesquels la tige fut condamnée à plier & à succomber : *Non est consilium contrà Dominum.*

NOTRE AUGUSTE MONARQUE régnoit : sa main ne tenoit pas encore les rênes de l'Empire; il lui avoit plû de les confier à un Prince de son Sang, aussi respectable par le mérite personnel, que par la gloire de ses Ancêtres. Cour des Princes, que ne faut-il pas pour y réussir ! Et que faut-il, grand Dieu, pour y périr ! L'on y bâtit sur un sable que la faction, la cabale, l'intrigue ne se lassent point de remuer. Quel édifice résistera donc à leurs efforts, lorsque la jalousie leur prêtera le secours de ses perfidies & de ses fureurs ? Jalousies & rivalités ; le mérite les produit, le premier succès les fait éclore, la récompense les développe & les fortifie, l'ombre d'un mécontentement les change en haine, la moindre faute semble les justifier & les consacrer par le spécieux prétexte de zele pour l'Etat. Ah ! le mérite modeste & ennemi de l'ostentation échappe rarement à leurs complots ; aucun asyle ne sauvera l'homme qui par cet air de liberté, d'indépendance, de fierté qu'a coutume d'inspirer le sentiment de ses forces & de sa supériorité ; qui, par la naïveté avec laquelle il laisse entrevoir ce qu'il pense de lui-même, & trop deviner ce qu'il pense des autres, blesse leur amour-propre & humilie leur vanité. L'homme qui dédaigne de s'abaisser au-dessous des présomptueux sans talents, & d'obtenir de leur orgueil par les prévenances politiques d'une feinte estime, la permission de les surpasser & d'être un grand homme ; il est tout, il sait tout, je le veux : l'expérience lui apprendra qu'il n'est rien, puisqu'il ne sait pas être Courtisan ; qu'il ignore tout, puisqu'il ignore l'art de flatter & de ramper. Que vous dirai-je ? Le choc de deux factions opposées, dont l'une prétend enlever à l'autre, le Comte DE BELLE-ISLE, en le gagnant ou en l'écrasant ; le mérite, les talents, les succès, les manieres, les défauts peut-être du Comte DE BELLE-ISLE, car il en avoit, il étoit homme, mettent en mouvement tout ce que le génie de la Cour, ce grand maître dans la science de nuire & de perdre, enseigne de manœuvres & d'intrigues: on surprend la religion du Prince que le Souverain avoit placé entre le trône & les sujets.

LE Comte DE BELLE-ISLE ne se dissimule point ses périls. La justice ne se montre à lui que le bandeau sur les yeux, le glaive à la main, & semble avoir oublié la balance. N'importe ; il la contemple sans frayeur ; il entre dans le séjour de la nuit & de la captivité ; il y porte un cœur exempt de trouble & d'inquiétude : le crime seul intimide une grande ame ; la crainte n'en approche point, parce que la vertu ne la quitte pas. Au feu vif & animé de ses regards, on reconnoît le Guerrier, le Héros qui, dans les sieges & les batailles, commanda tant de fois à la victoire, l'appella & la fixa ſous nos drapeaux. Ce lion, pour me ſervir de l'expreſſion de l'Écriture, rempli d'une noble & mâle confiance, inſpire plus de terreur qu'il n'en reçoit: *Juſtus quaſi leo confidens abſque terrore erit.* La chicane s'épuiſe en ruſes & en détours pour l'entraîner dans le labyrinthe des procédures, pour lui arracher un mot capable de ſervir de prétexte à ſa perte, ou de juſtifier ſa détention ; il ne lui oppoſe que le langage de l'exacte vérité & de la franchiſe militaire : indigné à l'aſpect du menſonge, il ne répond que par cet air de candeur & d'ingénuité modeſte, qui ſied ſi bien à l'innocence perſécutée, & qui la prouve ; enſuite il ſe tait : l'impoſture confondue par la hauteur de ce ſilence, dont elle ne peut ſoutenir la voix & les dédains, ſe trouve réduite à reſpecter, à admirer, à ſe condamner, & à rendre le Comte DE BELLE-ISLE aux vœux & aux cris du Public vertueux & éclairé.

UNE victoire ſi éclatante ſembloit annoncer que les obſtacles n'oſeroient plus ſe montrer devant le génie puiſſant du Comte DE BELLE-ISLE. La plus brillante des carrieres s'ouvre à ſes talents : les obſtacles, MESSIEURS, les obſtacles y entreront avec lui, & renouvelleront plus puiſſamment leurs oppoſitions à ſa gloire & à ſa tranquillité.

LE ROI conçoit le deſſein de porter dans une autre Maiſon la dignité Impériale fixée depuis plus de trois ſiecles dans la maiſon d'Autriche. Quel changement ! Quel boulverſement à introduire dans le ſyſtême politique de l'Europe, qui ne rouloit que ſur l'équilibre de force & de pouvoir entre les deux premiers Trônes du monde Chrétien ! Quelle eſpérance, quel moyen de vaincre ou de faire taire l'oppoſition de tant de Potentats, à un plan qui doit néceſſairement amener dans leurs Conſeils un autre plan de ſûretés, de précautions & d'alliances !

Avouez-le, Messieurs, un auſſi grand projet ne pouvoit naître que dans l'eſprit d'un grand Roi, & il auroit épouvanté le génie des plus grands Miniſtres qui ayent manié les reſſorts de la Monarchie Françoiſe. La ſagacité du ROI, qui connoît mieux ſa Cour que le Courtiſan ne ſe connoît lui-même, avoit démêlé dans le Comte de Belle-Isle, homme de Guerre, le mérite d'un homme d'État. Il le choiſit, il l'envoye. Le Maréchal de Belle-Isle part portant en ſes mains les nouvelles deſtinées de l'Europe ; il ſe rend dans les cours des Princes de l'Empire, il raiſonne, il diſcute & il perſuade ; parce que ſa maniere de traiter, franche, droite, ouverte, ne traîne point dans les lenteurs d'une négociation timide & enveloppée que l'on déconcerte, ou que l'on ſuſpend en oppoſant l'eſprit à l'eſprit, la ruſe à la ruſe, le myſtere au myſtere, & dans laquelle on emploie plus de temps à ſe deviner qu'à ſe parler ; parce que la noble ſimplicité, ſeul langage qui convienne au repréſentant d'un ſi grand Roi, réduit la négociation à l'expoſition nette & préciſe des avantages du conſentement, &

des

des hasards du refus; parce que dépositaire des intentions de notre AUGUSTE MONARQUE, il déclare que son Maître, content de régner sur l'Empire François, ne veut, à l'exemple du Pere de la Nation sainte, que la paix de son peuple, la prospérité de ses Alliés & la tranquillité commune: *Non accipiam ex omnibus, exceptis partibus virorum qui venerunt mecum.*

L'ÉLOQUENCE victorieuse du Maréchal DE BELLE-ISLE lui avoit concilié l'attention favorable des Princes. Le Corps Germanique se met en mouvement: il entre dans Francfort suivi ou attendu de l'Europe entiere. Or dans ces assemblées nombreuses, dans le concours de tant de Puissances, dans l'opposition de tant de vues & d'intérêts, l'espace qui reste à parcourir entre les suffrages promis & les suffrages accordés, les engagements contractés & les engagements remplis, est celui où se rencontrent les écueils les plus redoutables.

LA DÉLICATESSE des circonstances redouble la vigilance & l'activité du MARÉCHAL: il se multiplie; il est présent à tout, il voit tout, il entend tout, il répond à tout, il prévient tout: il gagne ou il intimide, il ébranle ou il rassure, il menace ou il promet. Son génie agrandi par les transports du zele, l'éleve au-dessus de sa condition. Ce n'est plus le Ministre, l'Ambassadeur, le Plénipotentiaire; c'est la Majesté Royale qui s'explique elle-même avec le ton d'un Maître qui consent d'obtenir ce qu'il peut commander, qui demande, mais qui demande en Roi.

Ses discours, pour me servir des termes de l'Ecriture, ne sont point des discours de persuasion & d'insinuation ; ils sont des discours d'empire & d'autorité : *Sermo illius potestate plenus est.* Ecclef. c. 8.

ENFIN il se leve sur Francfort, ce jour dont le souvenir ne périra point dans la mémoire des peuples ; le jour qui donne à Charles-Quint un successeur qui n'est point de son sang. Le génie politique du MARÉCHAL avoit opéré cette étonnante révolution ; son génie militaire devoit la soutenir & la cimenter. Sanctuaire du Dieu de paix & de charité, je ne troublerai point votre auguste silence par le récit d'exploits, à la honte de l'humanité, trop admirés & trop applaudis. Les ennemis, après tout, sont des hommes. Qu'est-ce que l'Univers, qu'une nombreuse famille ? Qu'offre donc au Vainqueur le champ de bataille après la victoire, qu'un objet de larmes ? Des freres massacrés par des freres, le sang de l'étranger payé par le sang du citoyen. Les hommes savants dans la science meurtriere de saccager & de dépeupler la terre, raconteront les sieges des villes & le sort des batailles : les bienséances du ministere évangélique ne me permettent de louer dans le MARÉCHAL que son talent de mettre dans la guerre tout ce qu'elle peut recevoir d'attentions & de ménagements d'humanité, d'en écarter tout ce que la licence militaire a coutume d'y mettre de dureté & de férocité.

L'ALLEMAGNE voit avec admiration & avec

reconnoiſſance, les Troupes Françoiſes ſous les auſpices du Maréchal DE BELLE-ISLE, telles que le Peuple Saint ſous la conduite de Moïſe, offrir aux ſiecles futurs un modele accompli d'ordre & de diſcipline; elle les voit traverſer ſes Provinces avec auſſi peu de bruit & de fracas, qu'un voyageur ſage & modeſte qu'aucun caprice ne détourne de ſa route, qu'appelle & invite l'Etranger qu'il enrichit: *Non declinabimus neque ad dexteram neque ad ſiniſtram; alimenta pretio vende nobis ut veſcamur.* Deut. c. 2. Leur marche n'a rien de la marche d'un torrent qui dévaſte les campagnes, & laiſſe des traces funeſtes de l'impétuoſité de ſes flots; elle imite le cours paiſible & majeſtueux d'un fleuve qui porte l'abondance & la fertilité dans les terres qu'il arroſe & baigne de ſes eaux ſalutaires. Les peuples accourent au-devant de notre armée, & ſe diſputent le bienfait de ſon paſſage; le citoyen la reçoit ſans crainte dans ſes murs: des bords du Rhin juſques ſous les remparts de Vienne, tout eſt ſoumis ou ami. Un Royaume ajouté à la Baviere aſſure au nouveau Céſar la couronne Impériale, & le met en état d'en ſoutenir la Majeſté. Notre AUGUSTE MONARQUE, vive image du Dieu qui diſpoſe des Sceptres & des Couronnes, voit la terre tremblante ſe taire devant lui, *ſiluit terra;* L. 1. Mac. c. 1. & la gloire du Maréchal DE BELLE-ISLE brille de tout l'éclat qu'il a répandu ſur le trône de ſon Maître.

ATTENDEZ quelques moments; des obſtacles, des événements imprévus produiront une nouvelle révolution. On ſe flatte qu'il tombera pour les ſiecles futurs, le voile ſous lequel demeure caché le principe deſtructif des projets du Maréchal DE BELLE-ISLE. Je n'ai point été admis dans les ſecrets des Rois : il ne m'a point été donné de pénétrer dans le ſanctuaire de leur politique, ni de percer les nuages qui couvrent ces myſteres ; mais les divines Ecritures m'ont introduit dans les Conſeils du Très-Haut ; elles m'apprennent qu'à ſon gré les Trônes s'élevent & s'abaiſſent, les Empires naiſſent & meurent ; qu'à ſes ordres volent dans les armées tantôt l'eſprit de terreur, pour glacer le courage des forts de Juda ; tantôt l'eſprit d'audace intrépide, pour faire un héros du ſoldat le plus timide, & d'un jeune berger, le vainqueur ſous les coups duquel tombe Goliath, & s'efface l'opprobre des camps d'Iſraël. Elles m'enſeignent que la prudence humaine n'eſt qu'une prudence flottante, incertaine, aveugle ; réflexion d'enfant dont ſe joue la Sageſſe divine : elle marche ; elle ne voit que la route ; elle n'apperçoit ni la main qui la guide, ni le terme où on la conduit : Dieu le connoît ; l'événement le fera connoître aux hommes ; nous le connoiſſons, nous le voyons.

IL ÉTOIT arrivé un de ces jours dont parle le Prophete, un jour marqué pour faire plier toute puiſſance & toute ſageſſe des hommes ſous la ſageſſe & la puiſſance du Dieu des armées : *Dies Domini exercituum ſuper omnes colles elevatos ; humiliabitur altitudo virorum & elevabitur Dominus So-*

lus in die illâ. Des ſiecles avoient coulé depuis l'inſtant où la rivalité des auguſtes Maiſons de France & d'Autriche avoit commencé d'enfanter les calamités de l'Europe & leurs propres malheurs. Elles ne ſemoient que trouble & que diviſion ; elles ne recueilloient que terreur & qu'épouvante. La France avoit tiré du fond du Nord le grand Guſtave : par les mains de ce Guerrier redoutable & de nos Généraux dignes rivaux de ſa gloire, elle avoit ébranlé & preſque renverſé le trône de l'Empire. La branche Royale de la Maiſon d'Autriche avoit arboré ſes drapeaux dans Paris, & oſé diſputer aux Bourbons l'héritage des Valois. La branche Impériale avoit inſulté aux larmes de la France expirante, & ne l'avoit ſauvée de l'affront d'une paix implorée, aux conditions les plus flétriſſantes, que par le refus altier & dédaigneux qui lui laiſſa le temps de réparer ſes pertes. Par le flux & le reflux des diſgraces alternatives que l'Europe, innondée de larmes & de ſang, voyoit ſe déborder de la France ſur l'Empire, & de l'Empire revenir ſur la France, le Seigneur préparoit ſes deſſeins. Il annonçoit qu'il ne ſera point donné à l'une des Maiſons rivales, de prévaloir contre l'autre ; que ces deux grands arbres, à l'ombre deſquels la Seine & le Danube roulent leurs flots, *Dies Domini ſuper Cedros Libani*, pourront plier Iſa. c. 2.
tour-à-tour ſous la violence des ouragans déchaînés ; que leurs racines fortes & profondes les ſoutiendront, (ils ne pourroient tomber ſans écraſer,

par leur chûte, trop de Provinces & de Royaumes); & que ce n'eſt point ſur l'équilibre imaginaire de leur puiſſance, mais ſur leur concorde que doivent repoſer, avec la félicité publique, leur prééminence & leur ſûreté commune.

POUR achever de les amener à la paix & à la concorde, la Providence s'applique à les déſabuſer de leurs projets & de leurs eſpérances dans un nouvel eſſai de leurs forces. Elle veut d'abord que les premiers ans du précieux rejetton de la Maiſon d'Autriche ſoient auſſi pénibles & auſſi agités que le furent les derniers ans du plus grand des Bourbons; & que Verſailles rende à Vienne les allarmes qu'il en a reçues. La Fille, l'héritiere de tant de Rois & d'Empereurs, eſt obligée de quitter la Capitale de ſes Etats, & de chercher un aſyle dans les Provinces où n'a point pénétré la terreur des armes Françoiſes. La Maiſon d'Autriche va-t-elle périr? Non: le Ciel ne ſe propoſe que de l'inſtruire; ſa voix ſe fait entendre aux Princes & aux peuples, & ſa voix ne trouve point de réſiſtance. Une Princeſſe, déja l'admiration de l'Europe, par ſon courage héroïque, par ſa ſageſſe & ſa prudence, fruits du génie qui n'avoient point attendu le nombre des années & les leçons de l'expérience; une Princeſſe que la réputation de ſa piété fervente & éclairée, également digne de la Religion & du trône, que les qualités de ſon ame noble, géreuſe & bienfaiſante, que ſon talent de gagner & de captiver les eſprits par les charmes de l'inſinuation

& de la perſuaſion, rendoient ſi chere, je ne dis pas ſeulement à ſes ſujets, je dis aux peuples ligués contre elle; que la France (preſſentiment de la réunion prochaine); que la France enchantée de vaincre, s'affligeoit de la néceſſité de combattre; une ſi grande Princeſſe n'avoit preſque beſoin que de ſes vertus & de ſes périls, pour intéreſſer tous les cœurs à ſa défenſe. Les Nations voiſines & les Nations éloignées viennent ſe ranger ſous ſes étendards; & le Seigneur leur prête la victoire. Bravoure, capacité, génie; tout va plier & ſuccomber. Ce jour n'eſt point le jour des ſoldats & des Généraux; il eſt le jour du Dieu des armées: *Dies Domini exercituum.* Nos troupes preſſées, reſſerrées, cedent au torrent qui menace de les envelopper; elles ſe retirent dans Prague.

L'Europe frappée d'étonnement attend le dénouement de cette ſcene ſi peu prévue: elle ne l'attend point; elle croit le voir, elle l'annonce. En effet, que peut le Maréchal enfermé dans une ville immenſe, dénuée de fortifications, de remparts, de ſubſiſtances, & habitée par autant d'ennemis du nom François, qu'elle compte de citoyens? Il peut retarder ſa perte: peut-il l'éviter? Il entend les armées Autrichiennes aſſurer que leur proie ne leur échappera point, inſulter la France par les clameurs dont les Nations conjurées à la ruine de l'Aſſyrie rempliſſoient les airs. Puiſſance ſi fiere, ceſſez de vanter vos triomphes! Cachez-vous dans les ténebres & l'obſcurité; l'humiliation qui les efface, nous console & nous venge! On ne vous appellera plus la Puissance qui distribue les Trônes & les Couronnes : *Sede tacens & intra in tenebras , quia non vocaberis ultrà domina regnorum.* Le MARÉCHAL les entend ces dérisions ameres; il va les changer en cris de douleur & de confusion. En une seule nuit, notre armée entiere, infanterie, cavalerie, chariots chargés des provisions de guerre & de bouche, que son génie & ses talents avoient sçu introduire dans la Place, armes, canons, bagages, tout sort. On diroit qu'en sortant, le MARÉCHAL a scellé les portes de Prague. Aucun avis n'interrompt le sommeil des troupes ennemies : il traverse leurs quartiers avec autant d'ordre & de silence, que si tout Israël n'eût été qu'un homme. A leur réveil, instruites de son audace, elles le suivent : il brave leurs efforts ; il leur impose par une fausse route. Tout-à-coup il traverse les défilés que la hauteur des montagnes, que les neiges & les glaces faisoient regarder comme impénétrables : il arrive, n'ayant laissé dans la ville abandonnée que la terreur de son nom, l'admiration de sa capacité, & l'hommage de reconnoissance dû à sa fermeté, pour contenir les troupes, & protéger le citoyen. Vous savez, MESSIEURS, vous savez la guerre, vous savez l'histoire. Dites si les guerres anciennes & modernes présentent une retraite plus savante, si elle n'auroit pas honoré Turenne & Condé ?

Isa. c. 48.

LA SANTÉ du MARÉCHAL affoiblie par tant de fatigues,

fatigues, commençoit de renaître : le ROI le charge d'une négociation importante : il rentre dans l'Empire ; il arrive en Baviere. A sa vue, les craintes qui environnoient le Trône Impérial, se dissipent, l'espérance renaît ; elle forme des plans & des arrangements : l'exécution demande le concours des Puissances intéressées au succès de la cause commune ; les Princes confédérés appellent le Maréchal DE BELLE-ISLE ; vous diriez que les obstacles & les périls ont entendu leur voix, ou qu'ils ont été avertis & commandés par la Providence : ils préviennent le MARÉCHAL ; ils l'attendent sur la route. La vigilance & les précautions ne peuvent rien contre les volontés du Seigneur : *Nisi Dominus custodierit civitatem, frustrà vigilat* Ps. 126.
qui custodit eam. Cet homme entre tous les hommes le plus fidele à suivre le conseil du Sage : » Que » vos yeux ne se ferment point quand vous mar- » chez, & que vos regards précedent vos pas » : *Palpebræ præcedant gressus tuos*, rencontre dans les plaines de l'Allemagne l'écueil qu'il avoit évité dans Prague ; écueil de sa liberté non de sa gloire. Un peuple amateur & avide des grandes révolutions, respecte dans la disgrace cet homme célébre qui mit en mouvement tant de Nations, & qui ébranla tant de Trônes ; il lui prodigue les distinctions : à peine la Majesté Royale auroit-elle reçu plus d'honneurs. L'Angleterre oublie l'ennemi, pour ne considérer dans le MARÉCHAL que le génie puissant & créateur, pour ainsi dire, d'une

nouvelle Europe ſubſtituée à l'ancienne. Non, elle n'oublie pas l'ennemi ; & en ne l'oubliant point, elle rend au MARÉCHAL un hommage plus flatteur, que l'hommage des honneurs & des diſtinctions : elle refuſe d'accomplir le Traité convenu pour la rançon des priſonniers de guerre ; elle n'oſe le rendre à ſa patrie avant que le Trône Impérial ſoit rempli par le Prince qu'elle deſtine à l'occuper. Quel tribut d'eſtime plus flatteur, & que reſte-t-il au MARÉCHAL à ſouhaiter pour ſa gloire, après un refus qui lui donne droit de dire aux Anglois, ce que le Reſtaurateur de la France, du Gueſclin, diſoit à leur héros, ce fameux Prince de Galles : *Vous ne me retenez que parce que vous me redoutez !*

CEPENDANT le moment eſt venu, où le Seigneur donnera à la Maiſon d'Autriche la leçon de paix & de concorde qu'il vient de donner à la Maiſon de Bourbon. L'armée Impériale entre dans la Provence ; elle y voit les veſtiges de Charles-Quint : elle ne ſe ſouvient pas que la victoire refuſa d'accompagner ce grand Empereur, & que la France a, dans le Maréchal DE BELLE-ISLE, un Connétable de Montmorency. Sa préſence raſſure nos provinces méridionales ; il rend les villes principales inacceſſibles à l'ennemi ; des plans de défenſes, il paſſe rapidement aux plans d'attaques : il s'ébranle ; la terreur le devance, elle oblige les troupes Impériales d'abandonner les remparts de Genes, & aſſure la liberté de cette République, à laquelle elles préparoient la ſervitude. Il marche ;

l'ennemi ne l'attend pas, & la victoire ne nous quitte plus.

REBUTÉES de ces viciſſitudes de ſuccès & de diſgraces, les deux Puiſſances conçoivent enfin que la Maiſon de Bourbon s'épuiſeroit vainement pour anéantir la Maiſon d'Autriche ; & l'Aigle Romaine, pour dévorer les Lys de France. La paix ſuccede à la guerre ; & la paix amene l'alliance & la confédération des deux Maiſons. Puiſſe le cours des ans reſpecter, & n'affoiblir jamais leur union ! Puiſſent-elles n'écouter jamais les conſeils de l'inquiette ambition, toujours attentive à ſemer autour des Trônes les jalouſies & les défiances ! L'hiſtoire de nos jours réfute, & confond d'avance les ſyſtêmes que leur préſenteroit dans l'avenir la fauſſe politique. Elles voyent l'Angleterre, après avoir réuſſi, à la faveur des armes Autrichiennes, à partager l'Empire de la Méditerranée, & à procurer à ſes vaiſſeaux un paſſage ſans crainte & ſans danger dans le détroit de la Manche ; la Pruſſe, après être parvenue, à la faveur des armes Françoiſes & des conceſſions Impériales, à former dans le ſein de l'Allemagne une Puiſſance formidable ; elles les voyent tourner contre les deux Maiſons réunies, leurs bienfaits, entreprendre de leur donner la loi ; & juſqu'à ce moment le Dieu des batailles n'a point encore entiérement confondu leurs eſpérances, afin d'apprendre mieux à la France & à l'Autriche que l'une n'achete les périls de l'autre que par ſes propres périls ; qu'elle n'affoiblit un rival que pour ſe préparer un maître ; & que dans leurs diſſentions, les malheurs de la guerre ſeront pour elles ; les fruits de la victoire pour leurs Alliés politiques & intéreſſés.

Le Maréchal de Belle-Isle n'avoit point d'autre regle que le bien de l'Etat & la volonté du Maître. Le Traité d'alliance change ſes vues, ſes idées, ſes projets. Il travaille ſur le nouveau plan avec l'aſſiduité, la vigilance, le zele, le feu de ſes premieres années ; & on peut, à juſte titre, lui appliquer la parole de l'Ecriture : Que la vieilleſſe quand elle ne s'endort point dans l'oiſiveté, eſt une couronne de gloire plus reſpectable que
L. Prov. c. 31. les titres & les dignités : *Corona dignitatis ſenectus quæ in viis juſtitiæ reperitur.* Comblé de tous les honneurs par leſquels un Roi juſte & bienfaiſant récompenſe les talents d'un ſujet utile, ce grand homme, (car ainſi l'appelleront les ſiecles futurs, qui dédaignant la critique des petits défauts, le jugeront par l'enſemble du mérite & des ſervices ; ainſi l'appelloient, dès ſon vivant, les Nations étrangeres, qui ſont déja la poſtérité à l'égard des hommes illuſtres), ce grand homme ne pouvoit-il point ſe flatter de goûter dans le calme & la paix, le fruit de tant de ſoins & de travaux ? Le terme ne ſera pas plus heureux que la route. Aucun homme ne fut plus digne de parvenir, & ne rencontra des obſtacles plus puiſſants & plus difficiles à ſurmonter. Aucun homme ne fut plus digne de jouir, & n'éprouva des chagrins plus amers & plus difficiles à ſoutenir.

SECONDE PARTIE.

Non, Messieurs, aucune fortune n'aboutit à des chagrins aussi amers, à des douleurs aussi inconsolables, & ne mérita cependant une paix plus profonde, une stabilité plus permanente que la fortune du Maréchal de Belle-Isle.

Le Maréchal de Belle-Isle eut une religion, un roi, une patrie, des concitoyens, des amis, une famille. Droits sacrés de la religion, du trône, de la patrie, de la société & de l'amitié, du sang & de la famille, quelle ame vous fut plus intimement dévouée, & à l'abri de tant de vertus, devoit être plus heureuse!

Religion sainte! Si le Maréchal ne vous avoit connue & respectée, je ne me prêterois point à son éloge. Je craindrois d'entendre la voix du Dieu qui repose sur cet autel, s'élever, tonner, me reprocher la profanation sacrilege du ministere évangelique, avili par les louanges d'un mérite profane; je me bornerois à déplorer dans le silence les infortunes de ce grand homme, plus désolantes, plus terribles que la ruine & la décadence de sa Maison. Mais dans les enseignements & les exemples d'une famille vertueuse & instruite à l'école de la disgrace, il avoit puisé les semences & les principes de la religion. Le desir de la gloire, qui vint absorber tous les autres desirs, (votre grace, ô mon Dieu, se ſert de tout), cimenta l'ouvrage de l'éducation; car de la coupe ſeule de la volupté, ont coutume de s'exhaler les vapeurs enivrantes qui font chanceler le chrétien, & l'égarent dans les ſentiers de l'apoſtaſie & de l'impiété: point d'autres paſſions, écueil ordinaire de la foi, que les paſſions propres à deshonorer l'homme & à le dégrader. Pour un incrédule accuſé par les hauteurs ridicules de ſon orgueilleuſe préſomption, d'avoir pris les motifs de ſon incrédulité dans les travers de ſon eſprit, & les délires de ſa vanité; mille impies convaincus par l'opprobre connu de leurs mœurs, d'avoir puiſé leur impiété dans les vices & la corruption de leur cœur.

LE SOLIDE, le judicieux des idées & l'élévation des ſentiments en préſerverent le jeune Comte DE BELLE-ISLE: ſes pas ne s'écarterent point des routes de la religion & de la vertu. A l'inſtant qui nous l'a enlevé, j'ai reçu la plus douce, la plus touchante des conſolations. J'ai entendu une Maiſon, ſéjour des vertus religieuſes, ſe rappeller le ſouvenir de tant d'années, dans leſquelles & pluſieurs fois chaque année, le Comte & la Comteſſe DE BELLE-ISLE venoient lui offrir le ſpectacle de la foi la plus vive & de la piété la plus édifiante. J'ai entendu les regrets du Paſteur & du troupeau, qui ſe plaignoient d'avoir perdu un grand exemple de religion.

La Maiſon du Noviciat des Jéſuites.

La Paroiſſe de S. Sulpice.

DANS le commandement des Armées, dans le Miniſtere, la Religion lui devient plus chere, parce qu'il voit de plus près, qu'à mesure qu'on ébranle les bornes posées aux vagues & folles spéculations des génies inquiets, on sappe les fondements de l'Etat, par le déclin de la décence, de l'honnêteté, de la probité, par l'affoiblissement de l'autorité, le goût de l'indépendance, le mépris des loix, les bassesses rampantes & avides de l'intérêt. Le MARÉCHAL ne se lasse point de déplorer ces suites funestes de l'impiété ; il la confond par la hauteur avec laquelle il lui souhaite l'anathême & la proscription. Il ne rougit ni d'être chrétien ni de le paroître. Ciel ! est-ce donc la matiere d'un éloge ! Du temps de nos peres on ne l'auroit pas nommé une vertu. O honte & opprobre de leur postérité ! Il est presque l'héroïsme des vertus ! Faut-il affronter les bataillons ennemis, le fer, le feu ? le soldat est encore capable de ce courage ; pour l'avoir, il suffit d'être François. Dans l'occasion de braver les dédains de la fastueuse & insolente impiété, le guerrier intrépide recule épouvanté. Qu'ai-je dit, intrépide ! L'homme qui n'ose avouer sa religion, de quelque nom que l'appelle le vulgaire, il n'est qu'un lâche & un insensé : lâche dans sa vile complaisance pour le monde ; insensé dans le délire de son audace contre Dieu.

LE MARÉCHAL DE BELLE-ISLE met le courage à sa véritable place. Il craint Dieu : & qui le craint véritablement n'a point d'autre crainte. Grande vérité que le MARÉCHAL n'oublia jamais ! Delà son attention à maintenir dans les armées qu'il commandoit, les ſecours de religion que la piété de nos Rois procure à la piété des ſoldats. Ah ! s'ils arrivoient jamais les temps où la contagion peſtilente des ſophiſmes de l'impiété, pénétreroit juſques ſous les tentes & les pavillons de Jacob ! les temps où l'on ſembleroit craindre d'affoiblir & d'intimider le courage de la milice d'Iſrael, par l'attention à veiller ſur ſes mœurs, & à lui faire entendre la voix de la religion ; Généraux, Commandants, Chefs des légions de Juda, je ne vous dirois pas ſeulement : Penſez que nos auguſtes Monarques, en vous remettant le tonnerre & les foudres de leur redoutable vengeance, ne vous confient pas moins le ſalut que la vie de leurs ſoldats, & que chargés d'un dépôt ſi précieux, vous êtes plus cruels & plus perfides lorſque vous perdez leurs ames, que lorſque vous prodiguez leur ſang. Traitez cette morale de ſimplicité & d'imbécillité de cloître, ou de déclamation de Prédicateur ; vos mépris ne m'humilient point. Je pleure d'avance pour vous, ce que vous pleurerez dans l'éternité. Ce ne ſont point mes idées qui paſſeront, ce ſont les vôtres. J'ajouterois ; Malheur au Prince & à l'Etat que vous dépouillez de la protection du Dieu des combats & de la victoire ! Malheur aux ſoldats, dont vous ne payez les ſervices que par une affreuſe récompenſe, la licence du crime & les horreurs de l'enfer ! Malheur même à votre gloire ! elle ne ſera jamais plus en ſûreté, qu'entre les mains de

l'Officier,

l'Officier, du ſoldat chrétien & vertueux. Vous vous laiſſez tromper par les foibles lueurs d'une fauſſe & miſérable politique. Non, la Religion n'énerve point la bravoure militaire. J'en atteſte les CHARLEMAGNE, les PHILIPPE-AUGUSTE, les LOUIS XII, les HENRY IV ; j'en atteſte les du Gueſclin, les Cliſſon, les Richemont, les Gaſton de Foix, les Bayard, les Montmorency, les Condé, les Turennes, & les braves François, qui ſous leurs ordres, porterent ſi haut la réputation de nos armes. Dédaignez, ſi vous le voulez, le ſuffrage d'un ſolitaire ; mais diſputez, ſi vous l'oſez, contre ces grands Maîtres ; & pour le faire avec quelque bienſéance, achetez par des exploits qui effacent leur gloire, le droit de les contredire. Revenons.

LE MARÉCHAL DE BELLE-ISLE reſpectoit, il croyoit, il aimoit la Religion. S'il eſt vrai (car que n'invente point la calomnie ? Que n'adopte point la crédulité de la haine & de la jalouſie ?) S'il eſt vrai que le tourbillon des affaires, les pieges ſemés par l'intérêt autour des Grands, & les preſtiges de la cupidité parurent aſſoupir quelquefois ſa piété, le réveil de la foi & de la conſcience ne tardoit pas à ramener cette ame droite & vraie. Il n'imita point l'indolence des demi-Chrétiens déſerteurs de l'Evangile dans leur conduite, & étrangers aux auguſtes Myſteres de la Religion. Aucun Miniſtre de JESUS-CHRIST ne ſait s'ils appartiennent à l'Egliſe ; & dans leur dernier moment, le zele allarmé pour leur ſalut, ne peut leur offrir que le ſecours d'une voix qu'ils ne connoiſſent pas, d'un langage qu'ils n'entendent pas. Le MARÉCHAL, averti du péril qui menace ſes jours, appelle le dépoſitaire de ſa conſcience. Sa foi ſe ranime, ſa piété reprend ſon feu & ſa vivacité. Vous entendîtes, Seigneur, les gémiſſements de ſon cœur; vous vîtes ſa confiance dans vos miſéricordes. Lavé dans les eaux de la pénitence, arroſé du ſang de Jeſus-Chriſt, il vous préſenta une ame dont le fond fut toujours à vous & pour vous: *Tamen non negavit, ſed credidit.* Vous l'avez promis; or le Ciel & la Terre paſſeront; votre parole ne paſſera point: il n'a point rougi de vous devant les hommes, vous ne rougirez point de lui devant les Anges.

QUAND on part des enſeignements de la Religion, on ne voit dans ſon Roi que l'image du Dieu ſuprême. Aucun Sujet ne ſaiſit & ne goûta ſi parfaitement ce principe, que le Maréchal DE BELLE-ISLE. Naturellement amateur de l'ordre, il n'agiſſoit, il ne vouloit en quelque façon, & il ne penſoit qu'au gré du Maître: convaincu que la plus légere altération dans la conſtitution de la Monarchie Françoiſe, troubleroit l'harmonie, & ameneroit la ruine de cet Empire que la ſoumiſſion des Sujets aux loix & aux deſirs du Prince, a rendu vainqueur de tant de ſiecles & de Nations; tout intérêt perſonnel & particulier diſparoiſſoit à ſes yeux devant l'intérêt du Roi; tout intérêt public, il travailloit à le concilier avec la volonté du Roi;

toute oppofition cédoit au nom du Roi.

Loin du Maréchal de Belle-Isle, le foupçon d'avoir imité ces génies fiers & altiers qui, dans le Miniftere, n'employeroient le nom & le pouvoir du Maître qu'à tenir le peuple fervilement affujetti à l'empire defpotique & aux caprices du Miniftre, & ne feroient adorer le fceptre que pour fe faire adorer eux-mêmes. Le Maréchal de Belle-Isle, courtifan auffi fouple, auffi refpectueux que Miniftre ferme & attentif, ne connut de bornes ni dans fon courage à défendre la Majefté du Trône, ni dans fon empreffement à donner l'exemple de la vénération qui lui eft due. S'agit-il de repréfenter la perfonne facrée du Roi, d'annoncer les ordres du Roi, de maintenir l'autorité du Roi, le zele lui fournit l'énergie de l'éloquence la plus mâle, la plus vigoureufe, la plus dominante, le ton le plus tranchant de la décifion militaire. Delà, fuivez-le au pied du trône, vous le verrez chargé d'ans, d'honneurs & de gloire, s'approcher avec la foumiffion d'un Sujet qui s'offriroit pour la premiere fois aux regards du Souverain, & qui feroit le premier pas vers la fortune.

Cet hommage étoit encore plus de fentiment que de devoir, plus pour le Roi que pour le trône. Avec quels tranfports de joie, avec quelles délices le Maréchal nous retracoit ce que la confiance dont il étoit honoré, l'avoit mis à portée de mieux approfondir, de la droiture & de l'équité, des lumieres & de la pénétration, de la prudence

& de la ſageſſe de notre AUGUSTE MONARQUE, de cette douceur, de cette affabilité, de cette bonté qui temperent le trop vif éclat de la Majeſté, ſans l'amortir, & obtiennent le reſpect ſans le commander! Dans ſes converſations, ſimple & naïf épanchement du cœur, langage de l'homme, non du courtiſan, ce ſerviteur tendre & paſſionné s'exprimoit avec tant de force, que ſes ſentiments paſſoient de ſon ame dans l'ame de ceux qui l'entendoient.

QUE ne puis-je, ſans rouvrir les plaies de la France, vous parler de ce jour, ou plutôt de cette nuit affreuſe, de cette nuit d'épouvante, de deuil & de larmes, qui de Metz, ſe répandit ſur la Capitale & ſur les Provinces! Quelle fut la douleur, & la conſternation du MARÉCHAL à la vue de ſon Roi, arraché du ſein de la victoire, prêt à deſcendre dans le tombeau! Je cours rapidement ſur une époque de la vie du MARÉCHAL qui ſemble devoir fournir tant de traits à ſon éloge. De pareilles ſituations perdent le frappant ſous le pinceau qui entreprend de les peindre. La véritable éloquence rappelle l'événement; après l'avoir préſenté elle laiſſe au cœur de l'Auditeur le ſoin de parler & d'achever. On voyoit le MARÉCHAL pâlir au ſouvenir de ce moment funeſte. Que ne fut donc point pour lui la réalité? Il ne concevoit pas où il avoit puiſé les reſſources de courage & d'activité néceſſaires pour ſeconder le zele & les vues du Monarque, qui mourant, ne trembloit que ſur les périls de l'Etat.

Il les avoit prifes dans fon amour de la Patrie. Qu'aucun François n'ait été plus citoyen que le Maréchal de Belle-Isle ; la perfuafion en eft fi établie, qu'elle n'a point befoin de ma voix pour l'autorifer. Qui ne fait que dans le filence du cabinet, que malgré le tumulte & les embarras du Miniftere, qu'au milieu des fatigues & des dangers de la guerre, il veilloit continuellement fur toutes les parties de l'Etat? Qui ne fait que des correfpondances foigneufement entretenues, le rendoient comme préfent dans toutes les Cours des Princes étrangers, l'introduifoient dans les confeils de tous leurs Miniftres ; & que tel dans l'Europe que Jofeph dans l'Egypte, aucun plan, aucun fyftême, aucune démarche propre à intéreffer la France, ne fe déroboit à fes regards? Qui ne fait que fon imagination féconde ne tariffoit point en vues, & en arrangements de bien public? Aucun projet dédaigné, quand il portoit l'apparence, & offroit l'efpérance de l'utile. Qui ne fait fon empreffement à découvrir le mérite & les talents, fon attention à les développer par l'emploi, à les animer par l'efpérance, à les encourager par les diftinctions, à les faire récompenfer par la fortune & par les honneurs? Qui ne fait combien la vie du citoyen fut précieufe & refpectable à ce vrai Patriote? Que prodigue de fon fang en tant de fieges & de batailles, il fut avare du fang du foldat ; que Général & Miniftre de la guerre, il employa principalement fon génie & fon autorité à ménager les troupes, à ne les expoſer que dans la néceſſité, à pourvoir à leur ſubſiſtance, à maintenir l'auſtérité de l'ancienne diſcipline, afin d'écarter la licence & le pillage, qui les perdent & qui les détruiſent ? Qui ne ſait les heureux ſuccès de ſon zele, à faciliter le ſervice par l'augmentation des fonds deſtinés à l'entretien de l'officier & du ſoldat ; à l'illuſtrer par les ſages réglements qui aſſurent à la Nobleſſe ſes juſtes prétentions à la préférence ; à l'encourager par ſa fermeté à renverſer la loi de la coutume qui condamnoit tant de talents à vieillir négligés & inutiles dans des commandements ſubalternes ; à enlever aux richeſſes & à la protection, l'eſpérance de parvenir ſans expérience & ſans capacité ; à obliger de faire la guerre pour l'apprendre ; à ne point permettre d'oublier que les camps & les armées ſont l'unique école, que le temps eſt le vrai maître de cette ſcience de la guerre, & qu'il n'appartient qu'aux actions éclatantes qui décélent un génie ſupérieur d'abréger la route des grades & des honneurs militaires ? Je ne fais, MESSIEURS, je ne fais qu'indiquer ; l'Hiſtoire racontera.

LE CŒUR de citoyen, eſt un cœur fait pour l'amitié & pour la ſociété. Le Maréchal DE BELLE-ISLE eut des amis, il méritoit d'en avoir ; car il ſavoit l'être. Il eut des amis qui furent utiles à ſa fortune : de quelle reconnoiſſance ne paya-t-il point leur affection ? Loin de les déſavouer dans les jours de leurs périls, il leur montroit un attachement plus déclaré que dans les jours de leur tranquille proſpérité. On n'ignore point que ſa conſtance dans l'amitié produiſit ſes plus éclatantes diſgraces. Loin d'en être oubliés après leur mort, ſes amis ne ceſſoient point de vivre dans ſon cœur ; & les enfants apprenoient par ſon zele à les obliger, les ſervices qu'il avoit reçus de leurs peres : *Omni tempore diligit qui amicus eſt.* Il eut des amis que ſa fortune le mit en état de ſervir. La Cour, les Armées, Paris, la France, m'épargnent le ſoin de vous retracer ſes empreſſements, ſon activité, ſa perſévérance : & cette cérémonie même ne le dit-elle pas, que le MARÉCHAL ſavoit aimer & placer ſon amitié ?

L. Prov. cap. 17.

LE TEMPS ne me permet pas d'inſiſter ſur ce que mettoient de graces & d'agréments dans la ſociété, ſes mœurs douces & ſimples, ſes manieres aiſées & prévenantes, ſa complaiſance pour ſe prêter aux vues, aux deſſeins, aux idées, aux prétentions de ceux qui parvenoient à ſa familiarité.

CETTE facilité de caractere a-t-elle occaſionné quelques fautes ? Dans un homme d'un eſprit ſupérieur, elles feroient la gloire & l'honneur du cœur. Noble ſans faſte & ſans oſtentation ; avec un air de dignité modeſte, qui ſembloit permettre, & qui empêchoit d'oublier ſon mérite & ſon élévation, perſonne qui ne fut auſſi libre, auſſi maître dans la maiſon du MARÉCHAL que dans ſa propre maiſon ; perſonne qui n'eût droit de lui parler le langage de la vérité : il écoutoit, il répondoit, & il n'étoit pas plus difficile de l'engager à la dire qu'à l'entendre. Il jettoit un voile impénétrable ſur les projets, qui pour mûrir & ſe développer, avoient beſoin de l'ombre & du ſilence; mais il ne cachoit que ce que l'intérêt de l'Etat lui défendoit de découvrir. Souple & heureux à prendre tous les tons du récit des négociations & des batailles, on le voyoit deſcendre aux amuſements les plus ſimples de la ſociété, y entrer, s'en occuper avec une joie auſſi vive & auſſi naïve, que ſi ſon imagination avoit eu beſoin de ces bagatelles, de ces riens pour diſſiper le ſommeil inquiet, & pour remplir les vuides d'un ennuieux loiſir. On le voyoit s'intéreſſer à l'embelliſſement de ſes fontaines, de ſes jardins, de ſon parc, avec le même ſérieux, la même activité qui caractériſoient ſon génie dans les négociations & dans les guerres. Lorſque les ordres du Roi l'appellerent en Provence, il nous retraça ce Dictateur que Rome, dans les périls de la République, enleva à la culture de ſes terres. Il ne balança point; mais le ſacrifice lui coûta. Le Général d'armée, le Miniſtre, attiroit & fixoit l'admiration du peuple; l'ami ſolide & généreux, le citoyen doux & ſociable, l'homme, quand on le connoiſſoit, effaçoit la gloire du Politique & du Guerrier.

Le Maréchal de Belle-Isle parfaitement ſemblable au portrait que je viens de vous en tracer avec les couleurs de la pure & ſimple vérité; le Maréchal de Belle-Isle, chrétien, rempli de reſpect & de zele pour la Religion, ſujet honoré, & di-

gne

gne de la confiance de ſon Roi, citoyen dévoué & précieux à la patrie, ami ſolide & conſtant, protecteur du mérite à la Cour, & des malheureux dans ſes Gouvernements & dans ſes Terres où il a laiſſé des monuments durables de ſa généroſité bienfaiſante; le Maréchal DE BELLE-ISLE ne pouvoit-il point ſe promettre de couler, à l'abri de tant de vertus, des jours ſereins & tranquilles ?

SA GRANDE AME me déſavoueroit ſi je mettois au nombre de ſes malheurs les travaux & les fatigues inſéparables des emplois brillants, la vigilance & les précautions néceſſaires pour ne pas périr ſur cette mer orageuſe de la Cour, ſemée de tant d'écueils cachés, & où l'on ne touche jamais de plus près au naufrage, que quand aucun nuage n'annonce la tempête; les plaintes, les murmures, les mécontentements que le crédit excite & multiplie en proportion de ce qu'il a de graces à diſtribuer; les critiques & les déclamations injurieuſes dont la durée s'étend au-delà du regne de l'adulation qui finit avec la vie des Grands, parce qu'elle ne voit plus rien à eſpérer, au lieu que la ſatyre exhale ſes fureurs avec plus de licence après leur mort, parce qu'elle ne voit plus rien à craindre. Le Maréchal DE BELLE-ISLE ſe ſeroit cru heureux; & il l'auroit été autant qu'on peut l'être dans la région qu'il habitoit, s'il n'avoit eu à ſoutenir que les déſagréments qui détremperent d'amertume les proſpérités de plus d'un ambitieux raſſaſié & ennuyé d'honneurs. Mais dans le Maréchal DE BELLE-

ISLE tout devoit être ſingulier, unique, & ſes malheurs aſſortis aux autres événements de ſa vie, devoient concourir à le diſtinguer, à le ſéparer de la multitude des hommes.

VOUS me prévenez, MESSIEURS, par les louanges & par les larmes que vous donnez au meilleur, au plus tendre, & par l'excès même de ſon bonheur, au plus infortuné des freres, des époux & des peres. Pardonnez les ſoupirs & les regrets que m'arrache un ſouvenir ſi triſte. Il me ſemble que ce jour ranime leurs cendres. Je crois les voir renaître; frere, épouſe, fils, pere, ſe rejoindre, ſe réunir, & frappés du même coup, périr ſous mes yeux; & ma main achevera de fermer ſur eux leur tombeau, qui n'a plus d'autres dépouilles à attendre. O mon Dieu, je renouvelle mes vœux & mes prieres! ne permettez pas que trop ému, trop attendri, je trahiſſe les devoirs ſacrés de l'amitié & de la Religion. Ne permettez pas que ma douleur enleve à cette Maiſon éteinte & détruite le tribut de pleurs que demandent ſes infortunes; ne ſouffrez pas qu'elle prive mes auditeurs de l'inſtruction du plus grand exemple que vous ayiez donné de l'inſtabilité & du néant des proſpérités mondaines.

SUR quelle maiſon le Ciel verſa-t-il jamais plus de diſtinctions éclatantes, plus de félicité domeſtique & intérieure? Quel cedre du Liban éleva ſa tête plus haut dans les airs, & jetta des racines plus profondes dans le ſein de la terre? Quel appui dans le préſent, quelle eſpérance pour l'avenir n'offroit point au Maréchal DE BELLE-ISLE, un frere digne de devenir le Chef d'une ſeconde Maiſon qui auroit égalé les honneurs & la réputation de la premiere! La trempe de leur génie n'étoit ni oppoſée ni ſemblable. Dans le Comte, plus d'eſprit de littérature, une valeur plus audacieuſe à chercher le péril, à s'applaudir de l'avoir trouvé, à le braver, à l'affronter avec plus que de l'intrépidité; une fermeté de déciſion plus invariable, une autorité dans le Commandement plus tranchante & plus vigoureuſe, une amitié plus ardente, & ſi ſon cœur s'y fût ouvert, une haine plus redoutable. Ce que la diverſité des caracteres auroit pu ſéparer, le ſentiment l'uniſſoit, & de ces deux grands hommes ne faiſoit qu'un homme. Ils pouvoient diſputer ſur un plan, ſur un projet : étoit-il arrêté ? Vous auriez douté lequel l'avoit tracé. Celui-ci prenoit le travail où celui-là l'avoit laiſſé; les opérations de la veille régloient les opérations du jour préſent; le tiſſu n'étoit point interrompu, & les nuances s'accordoient ſi parfaitement, que l'on n'appercevoit qu'un eſprit & qu'une main. Le MARÉCHAL n'aſpiroit qu'à la gloire & à l'élévation du Comte; le Comte ne ſe croyoit grand que par le mérite, & illuſtré que par les honneurs du MARÉCHAL : leur tendre amitié rendoit à notre ſiecle les deux Scipions ſi renommés dans l'hiſtoire des vertus Romaines. Le Comte DE BELLE-ISLE appellé au commandement des armées; touche au moment d'être fait Maréchal de France, il périt: le MARÉCHAL peut retrouver des amis, il ne retrouvera point un ami qui ſoit ſon frere, parfaitement aſſocié à toutes ſes vues, à toutes ſes idées, à tous ſes intérêts ; un ami qui ſoit proprement & exactement un autre lui-même.

IL L'AVOIT, il le conſervoit dans une tendre & vertueuſe épouſe. Nommer la Maréchale DE BELLE-ISLE, c'eſt nommer tous les dons de la nature & de la grace, loués par l'Eſprit-Saint dans la femme qu'il propoſe, comme l'exemple des qualités qui font le mérite & la gloire du ſexe ; un eſprit capable des plus grandes affaires, & ſource des meilleurs conſeils ; un cœur rempli de ce courage de noble aſſurance & de liberté magnanime à la Cour, ſouvent ignoré par les Guerriers, qui héros à la tête des armées, tremblent devant les Miniſtres, ſe proſternent & rampent : Ambaſſadeur plénipotentiaire à Francfort, ſans en avoir le titre, elle achevoit par les charmes de l'inſinuation ce que l'éloquence militaire du MARÉCHAL avoit ébauché. Tendrement attachée à ſon illuſtre époux, ſes yeux toujours ouverts ne ſe laſſoient point de veiller ſur le danger des poſitions du MARÉCHAL : elle deſiroit qu'il parvînt ; elle deſiroit bien davantage qu'il ne marchât que dans les ſentiers de l'honneur, & qu'il n'eût point à rougir de ſa fortune. Douce, polie, prévenante, elle lui gagnoit des amis, & lui réconcilioit des ennemis, qui prévenus contre le MARÉCHAL, ne pouvoient s'obſtiner à haïr l'époux de la MARÉCHALE. Véritablement Chrétienne, modele de pudeur, de modeſtie, de régularité, de piété, de charité, reſſource de tous les pauvres, appui & conſolation de tous les malheureux : quelle douleur n'auroit point été adoucie par une épouſe ſi chere & ſi reſpectable ? Elle avoit preſque ſéché les pleurs qu'avoit fait couler la mort d'un frere. Hélas ! elle étoit deſtinée à faire répandre de nouvelles larmes, & plus ameres.

LE MARÉCHAL DE BELLE-ISLE fut frere, il fut époux ; il n'eſt plus que pere. La ſolitude qui commence de naître autour de lui, l'afflige & l'épouvante. Un fils lui reſte, unique objet de ſa tendreſſe & de ſes inquiétudes. Son amour ſage & éclairé n'eut point de foible & molle complaiſance, il s'étoit épuiſé en attentions & en précautions, pour le rendre capable de ſoutenir dignement la gloire de ſon nom, & de ſervir utilement la patrie ; il l'oblige de marcher, dès ſon enfance, ſur les traces des héros, que du temps de nos peres, une éducation dure & auſtere préparoit aux travaux de la guerre. Il choiſit des mains ſavantes & vertueuſes, il leur confie ce dépôt précieux ; & dans la crainte que, malgré leur vigilance, ce jeune cœur ne s'ouvre à la ſéduction de la vanité, & au goût des plaiſirs, il lui cherche un aſyle inacceſſible à la contagion de l'orgueil & des délices, un aſyle où il n'entendra que la voix de la religion & de la raiſon, où tous les rangs confondus, toutes les diſtinctions inconnues & proſcrites, inſtruiſent à être citoyen, forment aux devoirs & aux bienſéances de la ſociété, accoutument à la ſimplicité, à l'égalité, à la frugalité des mœurs antiques; nous n'attribuons la préférence qu'il plut au MARÉCHAL de nous accorder, qu'à ſes ſentiments de bienveillance héréditaire. Le Comte DE GISORS trouva dans notre Maiſon les bienfaits de ſes ancêtres; il y trouva notre reconnoiſſance empreſſée à ſeconder les ſoins de ſes maîtres, & à encourager ſes vertus naiſſantes.

OSEROIS-JE dire avec quel plaiſir, lorſque ſa confiance l'amenoit dans ma ſolitude, je voyois croître dans le jeune Comte DE GISORS l'eſprit fin, délié, délicat, la diſcrétion, la politeſſe, les graces, la piété de la mere; le courage, l'étendue de génie, l'application & la volonté, les talents & les qualités héroïques de l'oncle & du pere: j'augurois ſa gloire & ſes ſuccès; j'oubliois que les fleurs du coloris le plus vif & le plus brillant, ſont les fleurs que flétrit & dévore plus promptement le ſouffle meurtrier de l'aquilon. Je ne prévoyois pas que bientôt je l'entendrois s'écrier avec Jonathas: » Mes jours n'ont été qu'une aurore; » je n'ai qu'eſſayé la vie, je ne l'ai pas goûtée; à » peine j'avois commencé d'être; je ne ſuis plus »: L. 1. Reg. c. 14. *Guſtans guſtavi.... paululùm mellis & ecce ego morior.*

DÉJA ſes campagnes avoient annoncé & ſignalé ſes talents militaires. Déja une union formée par le pur attrait de l'eſtime mutuelle, l'avoit placé dans le temple de la piété, de la religion, de la raiſon, de la probité, de l'eſprit, des lettres, de la décence, de l'urbanité, de toutes les vertus & de tous les genres de mérite. Déja, pour ſe donner la ſcience des intérêts & des mœurs de l'Europe, il avoit parcouru l'Allemagne & le Nord, laiſſant empreintes les traces d'une ſageſſe, d'une modeſtie, d'une bienſéance que l'on ne ſe promet point d'un jeune François. Déja l'éclat de ſon mérite avoit fait oublier le petit nombre de ſes années ; & la prudence du ROI n'avoit point craint de lui confier la ſûreté de la frontiere, & d'un des plus forts ramparts du Royaume. Déja le Maréchal DE BELLE-ISLE lui avoit obtenu une place diſtinguée dans le militaire. O eſpérances des hommes, eſpérances frivoles & trompeuſes ! La tendreſſe du MARÉCHAL, les dons de la fortune, les bienfaits du ROI ne faiſoient que parer & orner la victime. Le glaive l'attend ; il l'immole, & le coup funeſte retentit d'un bout à l'autre de l'Europe. A un âge auquel, ſans une eſpece de prodige, on ne parvient point à la conſidération, le Comte DE GISORS avoit une réputation. La Religion & l'Etat, la Patrie & les Nations étrangeres, la France & notre AUGUSTE MONARQUE pleurent ſur ſon tombeau ; & quoiqu'il n'eût point encore, ainſi que Judas Macchabée, mené la victoire ſous ſes drapeaux, Iſrael ne donna pas plus de larmes à ſon défenſeur, que la France à ſon jeune

L. 1. Mac. c. 9. Héros : *Cecidit & fleverunt eum omnis populus Iſrael planctu magno.* Ces témoignages flatteurs de l'eſtime & de la vénération publique, adouciroient la plaie du MARÉCHAL, ſi elle n'étoit une de ces bleſſures que le Prophete appelle des bleſſures Iſa. c. 14. ſans remede, *plaga inſanabili.* Le MARÉCHAL ſoutint ce cruel revers avec fermeté ; avec tant de fermeté, que l'on n'a pas rougi de la traiter d'inſenſibilité. Vertus de Sparte & de Rome idolâtre, vous êtes donc au-deſſus de nous & de notre Religion ! La France & l'Evangile n'ont donc point le pouvoir d'enfanter des héros ? Par quel aveu flétriſſant de notre miſere, par quelle avidité d'opprobre & d'ignominie, refuſons-nous de croire de notre âge & de notre nation, ce que nous croyons des ſiecles & des peuples qui nous ont précédés ? Baſſe jalouſie ! audacieuſe calomnie ! reportez avec vous dans les noirs abymes vos fureurs de vertige & de délire : pour deshonorer un grand homme, vous lui imputez des vices qu'il n'a pas ; auſſi-tôt pour l'outrager, vous lui ôtez les vices que vous veniez de lui imputer. Vous prétendiez que l'ambition étoit l'unique idole de ſon cœur. Parlez donc, & apprenez-nous comment Pſ. 26. il fut inſenſible : *Mentita eſt iniquitas ſibi.* Ne fût il point pere tendre, ne fût-il que pere ambitieux, ne ſe voit-il pas anéanti par la deſtruction la plus entiere & la plus totale ? Le Surintendant pouvoit ſe conſoler par l'eſpoir, que dans quelqu'un de ſa race renaîtroit la ſplendeur de ſa pre-

miere

miere fortune. L'eſpérance fuit devant le MARÉCHAL, & elle ne reviendra point. Seul, iſolé, il boit d'avance le calice de l'heure fatale. Sans mourir il ceſſe d'exiſter. Le voilà condamné à ne marcher & à ne traîner le déclin de ſes jours, que ſur les ruines de ſa Maiſon, qui a commencé par lui, & qui a fini avant lui.

CEPENDANT, loin de s'affaiſſer, preſſée par le poids de l'infortune, ſon ame ſe roidit & s'éleve: à l'exemple des grands hommes vantés dans l'antiquité, (Et puiſſent des vues plus pures avoir ranimé ſon courage!) il ne cherche que dans les occupations de ſon zele à ſervir le Trône & la Patrie, quelque conſolation, diſons mieux, quelque diſtraction à ſa douleur. Douleur trop pénétrante! ſes flots amers ont inondé tout le cœur; un mot, un rien l'irrite. Tant de fois nous l'avons vu, auſſi vivement attendri que Joſeph, & également maître de lui-même, ſe hâter de venir répandre avec nous les larmes que la dure bienſéance avoit empêché de couler, lorſque le ſentiment les demandoit. Le Citoyen, le Miniſtre étoient pour le public; les ſoupirs, les regrets, les pleurs, le pere déſolé, pour la ſolitude & pour les amis: *Introiens cubiculum flevit, rursúmque lotâ facie* L. Gen. c. 43. *egreſſus, continuit ſe.* Miné, conſumé, détruit par les ans, par le travail, par la douleur, par les efforts pour la cacher, enfin il ſuccombe, il meurt: & s'il n'étoit mort en chrétien, ah! MESSIEURS, que ſeroit-il, où ſeroit-il, & que lui ſerviroit tout ce qu'il a été ? Voulez-vous le ſavoir ? Ecoutez.

Quelle voix forte & éloquente ſort du fond de ce mauſolée ! Quel Prophete, quel Apôtre plus énergique que cette pompe funebre & plus capable de vous inſtruire à ne vous occuper que du grand avenir de l'Eternité ! *Meliùs eſt ire ad domum luctûs* . . Cet homme qui a joué un rôle ſi brillant ſur la ſcene du monde, qui occupera une place ſi diſtinguée dans les faſtes du monde, il n'a donc tant acquis & obtenu que pour perdre & regretter davantage ? il n'a monté au comble de l'opulence & des honneurs que pour laiſſer après lui de plus grands débris, que pour enrichir, par de plus grandes dépouilles de places & d'emplois, des noms étrangers à ſa race & à ſon ſang. La foible lumiere de ces flambeaux eſt l'unique jour qui luit pour lui ; & il ne la voit pas : ces voiles lugubres ſont l'unique décoration qui l'annonce ; & il ne l'apperçoit pas : ce diſcours, l'unique & dernier retentiſſement du bruit qu'il a fait dans le monde ; & il ne l'entend pas : le tombeau, l'unique aſyle que lui prête la terre ; le marbre qui le couvrira, l'unique reſte de ſon opulence ; ces deux mots: *Hîc jacet*, l'unique monument de ſes titres & de ſes dignités, ou plutôt, l'hiſtoire de ſes malheurs : hiſtoire trop abrégée, ſi l'on n'ajoute qu'ils diſent plus qu'ils n'ont coutume de dire; ſi l'on n'avertit qu'ils ſignifient que, par un événement qui n'eut point d'exemple, ſous ce marbre repoſe avec le

Maréchal DE BELLE-ISLE, sa Maison toute entiere qui étoit venue l'attendre dans ce séjour de la nuit éternelle, & qui n'a pas laissé sur la terre plus de vestiges de son existence, que n'en laisse de son passage l'ombre d'un nuage fugitif: *Tanquam vestigium nubis.* Et c'est à un pareil sort, braves Guerriers, c'est à ce rien que vous courez à travers tant de hazards. A Dieu ne plaise, que par ces réflexions, je prétende amortir votre courage! Je ne veux que le rendre digne de vous & de votre Religion. Fideles au sang de l'ancienne & véritable Noblesse Françoise, n'oubliez point que l'ambition qui, parmi vos ancêtres, fit des Héros & de grands Hommes, consiste dans la magnanime émulation de vertus, de talents, de services qui les éleva au-dessus des faveurs & des revers de la fortune; non dans une jalouse avidité d'honneurs & de richesses qui vous entraîneroit à ses autels, adorateurs humiliés & deshonorés, esclaves mercenaires & intéressés, flétris par des titres & des emplois mendiés lâchement & achetés à prix de bassesses & d'opprobres. Fideles à votre Religion, souvenez-vous de respecter, de ne point dégrader un caractere si auguste. Dans les liens qui vous assujettissent au Prince, qui vous attachent à la Patrie, adorez le Dieu qui regne dans les Rois, & qui préside au sort des batailles; qu'il soit votre motif & votre espérance: alors périssez, s'il le faut, victimes du devoir. Il récompensera ce que le Guerrier chrétien aura fait pour le Trône & pour l'Etat; comme il récompen-

Lex Sap. c. 2.

ſe ce que le Prophete & l'Apôtre font pour la Religion.

ENFLAMMÉS par un feu ſi pur, partez : le Dieu des Armées vous appelle. Les ennemis qui vous redoutent n'oſoient vous attendre ; ils préviennent la ſaiſon : ils comptent ſur la ſurpriſe, ſur le nombre & la valeur de leurs troupes : le ſecret & le myſtere de leur marche, le ſyſtême médité & concerté de leurs attaques, tout leur annonce le ſuccès ; & le bonheur de leurs premiers efforts accroît leurs eſpérances. Mais quand la Providence remet la deſtinée des combats à la bravoure humaine, rien ne réſiſte à des ſoldats François ſous un Général qui a leur confiance. Les Commandants ennemis arrêtés, repouſſés, battus, ſe retirent ; leur retraite remplit de triſtes préſages les Provinces qui, à leur paſſage, avoient retenti d'acclamations de triomphe, & leur capacité connue met le comble à la gloire de leur Vainqueur : avec vous, MESSIEURS, il pourra tout oſer, tout entreprendre ſans craindre le reproche d'imprudence & de témérité.

LE MINISTRE qui vous tranſmettra les ordres du ROI, achevera de vous applanir les routes de la victoire. Que la France & les Nations étrangeres applaudiſſent à ce Génie qui, d'un coup d'œil, voit tout, dans un moment ſaiſit tout, d'un mot regle & décide tout; qu'elles rendent hommage à l'empire naturel que lui donnent le brillant de l'eſprit, les graces de l'expreſſion, les charmes de la politeſſe : le ROI par ſon ſuffrage en fait un éloge bien plus flatteur ; il lui confie deux Miniſteres juſqu'à ce jour ſéparés, & comme oppoſés, le Miniſtere de la Guerre, le Miniſtere des Négociations politiques ; il connoît l'étendue de ſes talents, & il ſait que la gloire du Trône & l'intérêt de l'Etat régleront tous ſes projets & toutes ſes démarches; que le deſir de la paix ne ralentira point ſon activité à faciliter les proſpérités de la guerre, & que l'attrait enchanteur des proſpérités militaires n'amortira point le deſir de la paix. Le ſuccès a promptement conſacré le choix de notre AUGUSTE MONARQUE : nous avons vu la guerre & la paix illuſtrer les prémices du nouveau plan de Miniſtere, & ſe réunir ; l'une pour préſager aux Nations ennemies, avant l'ouverture de la campagne, les triomphes de la France ; l'autre, pour promettre à l'Europe la fin de ſes calamités & de ſes larmes. Sous les auſpices d'un ſi grand ROI, ſous la direction d'un Miniſtre ſi éclairé qui n'aſpirent à vaincre que pour pacifier, vous irez, MESSIEURS, vous renouvellerez dans l'Allemagne les prodiges de la valeur Francoiſe; & la paix rentrera, ſur vos pas, dans le ſein de la Patrie.

VOUS, PONTIFE, la gloire & l'ornement du Sacerdoce, qui préſidez à cette triſte cérémonie ; ſi les événements de la région du temps, percent & arrivent à la région de l'éternité, le Maréchal DE BELLE-ISLE voit avec reconnoiſſance cette marque publique de votre affection ! Il vous reſpectoit, il vous aimoit, & il fut aimé de vous. Mourant, il ſe réveilla, il ſe ranima à votre voix ; il écouta vos ſages conſeils, & il les ſuivit : continuez de vous intéreſſer à ſon bonheur. Retournez dans le Sanctuaire : que vos ſoupirs s'élevent vers le Ciel ! La foi, la charité, le zele, la piété qui ne vous quittent jamais, & veillent autour de vous pour recueillir vos vœux & vos prieres, les porteront au trône du Très-Haut. Il n'en entend point qu'il ſe plaiſe davantage à exaucer. Que le ſang de JESUS-CHRIST qui dans vos mains va couler ſur l'autel, obtienne du Dieu des miſéricordes, qu'il ouvre le ſéjour de paix & de félicité à cet homme illuſtre que la Religion regrette comme un de ſes plus zélés défenſeurs, le Trône comme un de ſes plus fideles & utiles ſujets, la Guerre & la Politique comme un de leurs plus habiles Maîtres, l'Etat comme un de ſes plus fermes appuis, la Patrie comme un de ſes plus vertueux citoyens, l'Europe comme un de ſes plus grands hommes ! Nous, mes chers Auditeurs, apprenons de ſon exemple, que la vraie ſageſſe conſiſte à vivre en Chrétien, le vrai bonheur à mourir en Chrétien. *Meliùs eſt ire ad domum luctûs quàm ad domum convivii ; in illa enim finis cunctorum admonetur hominum, & vivens cogitat quid futurum ſit* N'oublions point la fin qui nous attend, & penſons à ce qui doit nous arriver.

FIN.

Fautes à corriger.

Page 3, *ligne* 3, que le Mauſolée; *liſez :* que ce Mauſolée.

Page 10, *ligne* 28, la célebre défenſe du chemin couvert de Lille, attaquée; *liſez :* la célebre défenſe du chemin couvert de Lille attaqué, &c.

Page 11, *ligne* 20 *& ſuiv.* Par la priſe de Traerbach, ſa vigilance heureuſe fait échouer les projets de l'armée Impériale. Ses occupations, &c. *liſez :* La priſe de Traerbach, & ſa vigilance heureuſe à faire échouer les projets de l'armée Impériale; ſes occupations, &c.

Page 21, *ligne* 18, Par le flux & le reflux des diſgraces, &c. *liſez :* Par ce flux & ce reflux de diſgraces, &c.

Page 26, *ligne* 13, ce fameux; *liſez :* le fameux.

Ibidem, *ligne* 21, refuſa d'accompagner; *liſez :* refuſa d'y accompagner.

Page 36, *ligne* 5, Dans ſes converſations; *liſez :* Dans ces converſations.

Page 40, *ligne* 6, les tons du recit des négociations, &c. *liſez :* les tons; du recit des négociations, &c.

APPROBATION DU CENSEUR.

J'AI LU, par ordre de Monseigneur le Chancelier, un Manuscrit intitulé, *Oraison Funebre de M. le Marechal* DE BELLE-ISLE, *&c* : je n'y ai rien trouvé qui ne m'ait paru répondre à la dignité du sujet qui y est traité : les vertus de M. le Maréchal de BELLE-ISLE, ses talents pour la Guerre & pour le Gouvernement, son zele pour la Religion & pour l'Etat, y sont exposés avec les caracteres de la vérité, & les graces de l'éloquence par un Orateur célebre : des qualités si estimables méritoient d'être louées en présence des saints Autels ; c'est en même temps honorer la mémoire de ce grand homme, & satisfaire les vœux publics, que de permettre l'impression de cet Ouvrage. A Paris, ce 11 Juin 1761.

MILLET.

De l'Imprimerie de H. L. GUERIN & L. F. DELATOUR.

www.ingramcontent.com/pod-product-compliance
Ingram Content Group UK Ltd.
Pitfield, Milton Keynes, MK11 3LW, UK
UKHW020433180726
13839UKWH00003B/1464

9 782329 564654